AF466549

LE
GENTILHOMME
GUESPIN.

COMEDIE.

A PARIS,
Chez GUILLAUME DE LUYNE, au Palais,
dans la Salle des Merciers,
à la Justice.

M. DC. LXX.
AVEC PRIVILEGE DU ROY.

PREFACE.

CE Sujet m'a paru si plaisant & si propre au Theatre, que je n'ay pû m'empescher de le traiter. Peut-estre qu'il ne paroistra pas tel sur le papier, ce qu'il a de plus Comique consistant plus dans les actions que dans les mots. Il y a un perpetuel jeu muet dans cette Piece, qui estant tiré du fonds du sujet, donne un plaisir extréme à l'Auditeur; & l'on ne dit presque pas un Vers qui ne faſſe rire dans la Repreſentation, par le chagrin qu'il donne au Vicomte. Le papier ne peut repreſenter ſon inquietude ny ſes poſtures, non plus que le grand beneſt de Fils de Monſieur de Bois-Doüillet, dont on ne trouvera point le Rolle dans l'impreſſion, encor qu'on n'ait guere veu de Perſonnages ſur la Scene qui ayent plus fait rire.

Page 7. au deſſus du Vers, *Mais ma Sœur, s'il, &c.* il faut mettre, LE VICOMTE.

Page 12. devant le Vers, *Que ne le, &c.* il faut mettre LUCRECE.

Page 39. Je ſuis morte, j'ay parlé trop haut, liſez, *J'ay parlé trop haut, je ſuis morte.*

PRIVILEGE DU ROY.

LOUIS par la grace de Dieu, Roy de France & de Navarre : A nos amez & feaux Conseillers, les Gens tenans nos Cours de Parlement, Requestes de nostre Hostel & de nostre Palais à Paris, & à tous autres nos Juges & Officiers qu'il appartiendra, Salut. Nostre bien amé Thomas Jolly, Marchand Libraire à Paris, Nous a fait remontrer qu'il a recouvert une Piece de Theatre, intitulée LE GENTILHOMME GUESPIN, representée sur le Theatre du Marais, laquelle il desireroit imprimer pour la donner au Public, s'il Nous plaisoit luy accorder nos Lettres de Permission sur ce necessaires. A ces Causes, de nostre grace speciale, pleine puissance & authorité Royale, Nous luy avons permis, octroyé & accordé, & par ces Presentes octroyons & accordons la Permission & Privilege d'imprimer, vendre & distribuer ladite Piece, en tel Volume & Caractere que bon luy semblera, pendant le temps & espace de cinq années, à commencer du jour qu'elle sera achevée d'imprimer pour la premiere fois : Faisons defenses à tous autres Libraires & Imprimeurs, de l'imprimer, ou faire imprimer, sous quelque pretexte que ce soit, sans le consentement dud. Exposant, ou de ceux qui auront droict de luy, à peine de confiscation des Exemplaires, de cinq cens livres d'amende, & de tous despens, dommages & interests : Le tout à la charge de mettre un Exemplaire de ladite Piece dans nostre Bibliotheque, un autre en celle du Cabinet de Livres de nostre Chasteau du Louvre, & un troisiéme en celle de nostre tres-cher & feal Chevalier Chancelier de France, avant que de l'exposer en vente, & d'en rapporter és mains de nostre amé & feal Conseiller en nos Conseils, Grand Audiancier de France en quartier, les Recepissez de nos Bibliothequaires, à peine de nullité des Presentes. Voulons qu'en mettant au commencement du Livre l'Extrait des Presentes elles soient tenuës pour signifiées, & qu'aux Coppies d'icelles, collationnées par l'un de nos amez & feaux Conseillers & Secretaires, foy soit adjoustée comme à l'Original. Si vous mandons, & à chacun de vous enjoignons, que du contenu en icelles, vous fassiez joüir l'Exposant, & ses ayans cause, cessans & faisans cesser tous troubles & empeschemens au contraire. Commandons au premier nostre Huissier, ou Sergent sur ce requis, faire pour l'execution des Presentes, tous Exploits requis & necessaires, sans demander autre permission, nonobstant Clameur de Haro, Charte Normande, & Lettres à ce contraires : Car tel est nostre plaisir. DONNE' à S. Germain en Laye le vingt & un de Septembre, l'an de grace mil six soixante & dix : Et de nostre Regne le vingt-huit. Signé, Par le Roy en son Conseil, VILLET.

Registré sur le Livre de la Communauté des Imprimeurs & Marchands Libraires de Paris, suivant & conformément à l'Arrest de la Cour de Parlement du 8. Avril 1653. aux charges & conditions portées par ces Presentes Lettres. Fait à Paris le 23. Septembre 1670.

Signé, LOÜIS SEVESTRE, Syndic.

Et ledit Thomas Jolly a associé audit Privilege, Guillaume de Luyne, Estienne Loyson, & Claude Barbin, pour en joüir conjointement, suivant l'accord fait entr'eux.

Achevé d'imprimer pour la premiere fois le 27. Septembre 1670.

ACTEURS.

LE VICOMTE DE LA SABLONNIERE.

LUCRECE, sa Femme.

CLARICE, Sœur du Vicomte.

LISETTE, Femme de Chambre de Lucrece.

M. DE CORNANVILLE,
M. DE BOIS-DOUILLET,
SON FILS,
M. DE CHANTE-PIE,
M. DE COCHON-VILAIN,
} Gentils-hommes Campagnards.

M. DE BOIS-LE-ROUX, Amant de Clarice.

COLAS,
NICODEME,
BLAISE CLAMPIN,
} Valets du Vicomte.

La Scene est dans le Chasteau du Vicomte de la Sablonniere.

LE GENTILHOMME GVESPIN, *COMEDIE.*

SCENE PREMIERE.

LUCRECE, CLARICE.

LUCRECE.

NON, je ne puis plus vivre aveque vostre
Frere,
Son humeur me déplaist, je ne sçaurois
m'en taire;
Il me traite trop mal, depuis neuf ou dix
mois
Que nostre Hymen m'engage à vivre sous ses loix.

A

Il croit, dés qu'on me voit que je dois estre aimée,
Et me tient en ce lieu jour & nuit enfermée,
Où ne trouvant jamais personne à qui parler,
Avec vous seulement je puis me consoler.

CLARICE.

Je sçay que je ne puis justifier mon Frere,
Qu'un naturel jaloux a rendu trop seuere;
Mais je crois estre encor plus à plaindre que vous,
Vous estes mariée, & je n'ay point d'Epous:
Toutefois il me tient comme vous prisonniere;
A peine, en ce Chasteau, puis-je voir la lumiere;
J'en connois les raisons, & je m'apperçois bien,
Qu'il ne me traitte ainsi, qu'afin d'avoir mon bien;
Et qu'il veut que je sois sans cesse à le Campagne,
Afin que vous ayez une triste Compagne,
Qui puisse vous veiller, & répondre de vous.
Il satisfait ainsi son naturel jalous;
Et me tenant toûjours avec vous enfermée,
Il empesche, par là, que je ne sois aimée;
Car comme en ce Logis aucun n'entre jamais,
Nul ne peut estre épris de mes foibles attraits:
Cependant chaque jour la jeunesse se passe,
Et le temps, tous les jours, de nos beautez efface.

LUCRECE.

Je ne puis condamner l'excez de vostre ennuy,
Et je dois, par mes maux, juger de ceux d'autruy,
Car enfin je ressens dans ma peine secrette....

A

SCENE II.

LUCRECE, CLARICE, LISETTE.

LISETTE.

AH quel maudit Logis!

CLARICE.

Mais qu'as-tu donc, Lisette?

LISETTE.

Ce que j'ay! Croyez-vous que je n'enrage pas,
De voir icy chacun si triste un Lundy gras?
Depuis qu'en ce Chasteau je me vois enfermée,
Je sens que je n'ay plus ma joye accoustumée,
Et je vous prie enfin, de vouloir m'accorder
Mon congé, que je viens expres vous demander.

CLARICE.

Ta demande m'étonne, & n'est pas raisonnable.

LUCRECE.

Voudrois-tu me quitter dans l'ennuy qui m'accable?

LISETTE.

Vous viviez bien, helas! plus contente à Paris,
Et ce n'estoit chez vous que festins, jeux, & ris,
Quand ce Campagnard vint enjoler vostre Pere,
Et quand il vous promit ce qu'il ne vous tient guere,
Pour vous faire en partant étouffer vos soûpirs,
Il sceut de la Campagne étaler les plaisirs:
Les Nobles sont, chez eux, comme de petits Princes,
Vous dit-il, & l'on est heureux dans les Provinces;
On y voit mille Gens dont on est respecté;
On gouste les plaisirs de la societé;

Sans divertissement, aucun jour ne se passe;
On a la Promenade, & la Pesche & la Chasse;
On trouve, chaque jour, mille plaisirs nouveaux;
On mange l'vn chez l'autre, on se fait des Cadeaux;
Du soir, jusqu'au matin, on tient tables ouvertes,
Qui d'excellent Gibier sont sans cesse couvertes;
On est, sans de grands frais, dans les jeux & les ris;
Les Modes aussi-tost, y viennent de Paris;
Les plaisirs qu'on y prend, sont charmans & tranquiles,
Ils ne se sentent point de l'embarras des Villes;
Et qui veut y joüer, y trouue des Joüeurs.
Vous avez bien icy tout cela?

CLARICE.

Comme ailleurs,
Nous aurions ces plaisirs, sans l'humeur de mon Frere.

LUCRECE.

Elle est trop ridicule ensemble, & trop severe.

LISETTE.

Depuis son Mariage, il est toûjours pensif;
A tout ce qu'on vous dit, à toute heure attentif;
Il ouvre de grands yeux, & fait voir qu'en son ame
Il n'a jamais pensé qu'il fut d'honneste Femme.

CLARICE.

Quoy qu'on souffre avec luy, je croy que tu diras,
Que tu n'as jamais mieux passé de Lundys Gras.
Mon Frere aura ce soir, à Souper, dix Personnes.

LISETTE.

Eh oüy, je le croiray.

CLARICE.

Quoy donc, tu t'en étonnes?

LUCRECE.

Vous le dites aussi, pour vous moquer de nous.

LISETTE.

Le Soupé n'est pourtant preparé que pour vous.

GUESPIN.

CLARICE.

Ils viendront toutefois.

LISETTE.

S'ils n'ont que l'ordinaire,
Monsieur leur veut donc bien faire méchante chere.

CLARICE.

Pour vous tirer d'erreur, je veux vous avoüer
Un tour, dont toutes deux vous devez me loüer.
Le Sieur de Bois-le-Roux, qu'autrefois pour affaire
Vous avez veu souvent venir trouver mon Frere,
Pour mes foibles appas ayant pris de l'amour,
Par son merite, a sceu m'en donner à son tour.
Ce Cavalier n'a rien qui sente la Province,
Ayant esté long-temps à la Cour de son Prince.
Le trépas de son Pere, assez inopiné,
Pour recueïllir ses biens, icy l'a ramené:
Mais comme il a vuidé d'affaire avec mon Frere,
Pour nous revoir tous deux, ne sçachant plus que faire,
Ayant trouvé Cephise au Temple l'autre jour,
Je ne pûs en sortant luy taire mon amour.
Comme elle a de l'esprit, & qu'enfin elle m'aime,
Elle sceut m'inspirer d'abord ce stratagéme,
Qui fut, que de la part de mon Frere, aujourd'huy,
Je prirois nos Voisins de souper avec luy,
Sans oublier celuy qui cause ma tendresse.
Je l'ay fait, & dans peu vous verrez la Noblesse
De dix Chasteaux voisins arriver en ce lieu.
J'ay fait encore plus ; car pour couvrir mon jeu,
Et faire qu'on n'en puisse éclaircir le mistere,
J'ay sceu faire éloigner, & mesme par mon Frere,
Celuy qui de sa part, les a conviez tous.

LISETTE.

Vous en sçavez, ma foy, Madame, plus que nous.

CLARICE.

Il n'en sçauroit coûter qu'un Repas à mon Frere.

LISETTE.

Vous avez bien, par là, fait une pire affaire.
Monsieur estant toûjours si bourru, si jaloux,
Helas! mon Dieu, Madame, où nous fourrerons-nous,
Quand ces Gens-là viendront tantost baiser sa Femme;
Car la civilité veut qu'ils baisent Madame,
Alors qu'ils la verront pour la premiere fois,
S'en deut-il de dépit cent fois mordre les doigts.
Quand j'y songe pourtant, j'en suis déja ravie,
Car jamais à baiser, un Campagnard n'oublie;
Contre la bienseance, il croiroit trop pecher;
Le plus hardy Jaloux ne sçauroit l'empescher;
Et quoy que toûjours fou, se croiroit lors peu sage,
Blâmant ce qu'authorise un aussi long usage:
Mais quand ils baiseront tantost, figurez-vous
Ce que doit en son cœur ressentir le Jaloux,
Qui verra, devant luy, qu'on baisera sa Femme.

CLARICE.

Il vient.

LISETTE.

Je ris déja par avance en mon ame.

SCENE III.

LUCRECE, CLARICE, LE VICOMTE, LISETTE.

LE VICOMTE *à Lucrece.*

TE verray-je toûjours avec cette langueur?
Et ne puis-je sçavoir ce qui te tient au cœur?
La, tâche à rire un peu, bannis cette tristesse,
Et du moins, ces jours gras, montre quelque allegresse.

LUCRECE.

Les Divertissemens nous marquent les jours gras,
Et n'en ayant jamais, je ne les connoy pas.

CLARICE.

Mais, mon Frere, il est vray qu'elle est trop solitaire.
Mais, ma Sœur, s'il est vous plaist, aprenez à vous taire.

LISETTE *à part.*

Nous rirons bien tantost, lors que les Campagnars,
Pour souper avec luy, viendront de toutes parts.

LE VICOMTE *à Lucrece.*

Te verray-je toûjours tant de chagrin dans l'ame?
Le plaisir d'un Epoux devant estre en sa Femme,
Et celuy de la Femme en son Epoux aussy,
J'ay crû ne devoir pas te laisser seule icy,
Quoyqu'ô m'ait, pour ce soir, avec beaucoup d'instãce,
Prié plus de dix fois d'un Repas d'importance.

LUCRECE

Mais, de ce grand Repas, nous estions priez tous.

LISETTE.

J'estois priée aussi d'aller avecque vous.

LE VICOMTE.

Comme pour toy mon cœur a beaucoup de tendresse,
Je veux avoir bien soin de toy dans ta Grossesse.

LISETTE.

Quoy, ma Maistresse est grosse? Il n'en est, ma foy rien;
Je croy, s'il estoit vray, que je le sçaurois bien.

LUCRECE.

Non, je ne la suis pas.

CLARICE.

Elle dit vray, mon Frere.

LE VICOMTE.

Mais que sçait-on enfin?

LISETTE.

On le sçait d'ordinaire.

LE VICOMTE.

Nous rirons entre nous; va, ma Femme, croy-moy,
Le plaisir est bien doux, d'estre en repos chez soy.
Le Berger doit ce soir apporter sa Musette,
Et pour te divertir, danser avec Lisette;
Ne te chagrine point, tu te réjoüiras,
Bien que nous soyons seuls le reste des jours gras.

LISETTE.

Oüy-da.

LE VICOMTE.

Nous gousterons un plaisir bien tranquile.

SCENE IV.

LE VICOMTE, LUCRECE, CLARICE, LISETTE, COLAS.

COLAS *au Vicomte.*

ON vous demande, & c'est Monsieur de Cornanville.

LE VICOMTE.

Je ne suis pas icy, tu le devois sçavoir.

COLAS.

Il vient.

LISETTE.

Comme il est fait!

LE VICOMTE.

Je suis au desespoir.

SCENE V.

LE VICOMTE, LUCRECE, CLARICE, LISETTE, M. DE CORNANVILLE.

M. DE CORNANVILLE.

au Vicomte. appercevant Lucrece.

MOnsieur..... Mais que d'apas ! ô Dieu, la belle Femme!

Ah permettez, Monsieur, que j'embrasse Madame.

LE VICOMTE.

Il appuye un peu fort.

LISETTE.

Je plains peu le Jaloux.

LE VICOMTE *à part.*

Il n'est que pour baiser, je croy, venu chez nous,
à M. de Cornanville.
Les Femmes de Paris craignent d'estre baisées,
Et pour cette vertu sont dessus tout prisées.

M. DE CORNANVILLE.

Pour la premiere fois, je sçay ce que je doy,
Et vous auriez sujet de vous plaindre de moy.

LE VICOMTE.

Point.

M. DE CORNANVILLE *se retournant, & baisant Clarice.*

Mais...

LE VICOMTE.

Il s'accommode icy tout à son aise.

LISETTE *comme il va à elle pour la baiser.*

Je ne suis pas, Monsieur, de celles que l'on baise.

M. DE CORNANVILLE.

Ah Madame!

LISETTE.

Ma foy je suis d'un rang plus bas;
Foin, il m'a fait baiser aussi ses cheveux gras.

LE VICOMTE *à part.*

Puis que pour la Servante il a de la tendresse,
Il s'accommoderoit aussi de la Maistresse.

LUCRECE *à M. de Cornanville.*

Vous estes trop civil.

LE VICOMTE *à Lucrece.*

Vous voulez tout pour vous.

LISETTE.

Ah, quel plaisir de voir rechigner un Jaloux!

M. DE CORNANVILLE.

J'ay quitté mes Amis, pour venir voir Madame.

LE VICOMTE.

Hé Monsieur.

LUCRECE *à M. de Cornanville.*

Tout de bon.

LE VICOMTE *la regardant en colere.*

Ah!

M. DE CORNANVILLE.

Oüy, dessus mon ame.
Je pense que de loin, je viens de voir aussy
Monsieur de Bois-Doüillet qui tire droit icy.

LE VICOMTE.

Comment, icy?

M. DE CORNANVILLE.

Du moins il en tenoit la route.

LE VICOMTE *regardant sa Sœur.*

Ah j'enrage...

M. DE CORNANVILLE *à part.*

Je suis prié tout seul, sans doute.
Je croy que vous passez vostre temps sans ennuis,
Car on se divertit fort bien en ce Pays:
Il le faut avoüer, on gouste icy la vie
D'une maniere douce, & qui doit faire envie.
S'il arrive qu'on soit d'un Amy visité,
Quand par hazard on est de quelque autre costé,
La Femme le reçoit, comme le Mary mesme.

LE VICOMTE.

Ce seroit, pour ma Femme, une fatigue extréme,
Elle hait l'embarras.

LUCRECE.

Hé mon Dieu, je ferois,
En cette occasion, tout ce que je pourois.

LE VICOMTE.

Tant pis pour moy.

LISETTE.

Madame est fort accommodante,

LE VICOMTE.

Plus que je ne voudrois.

M. DE CORNANVILLE.

Mais au Trente & Quarante
Si vous sçaviez joüer, je viendrois quelquefois....

LE VICOMTE.

Le jeu ne luy plaist plus, depuis huit, ou neuf mois.

CLARICE.

Elle ne peut joüer, estant sans compagnie.

LE VICOMTE.

Je sçay ce que je dis, taisez-vous je vous prie.
N'auriez-vous pas besoin de manger?

M. DE CORNANVILLE.

C'est bien dit,
Car le chemin m'a fait gagner de l'appétit.

LE VICOMTE.

Allez donc, je vous suy.

M. DE CORNANVILLE *à Lucrece.*

N'en soyez pas surprise,
Madame, la Campagne est un lieu de franchise,
Et chez ses bons Amis on vit comme chez soy.
Que ne le suivez-vous?

LE VICOMTE.

Pourquoy vient-il chez moy,
Sçachant bien qu'à present je ne voy plus personne?
Un procedé si libre, & me fâche, & m'étonne.

SCENE VI.

M. DE BOIS-DOUILLET, & SON FILS, LUCRECE, CLARICE, LE VICOMTE, LISETTE.

BOIS-DOUILLET.

Je suis, sans dire mot, entré jusques icy.
Vous voyez avec moy, Monsieur, mon Fils aussy.

LE VICOMTE *courant l'embrasser de peur qu'il n'aille à sa Femme.*

Ah Monsieur!

BOIS-DOUILLET.

C'est assez, permettez-moy de grace...

LE VICOMTE.

Ah souffrez, s'il vous plaist, qu'encor je vous embrasse.

LISETTE.

Ils sont fort bons.

CLARICE.

Mon Frere est bien inquieté.

BOIS-DOUILLET *au Vicomte.*

Vous me faites commettre une incivilité;
Je sçay bien que je dois salüer vostre Femme,
Il court à elle. *Il la baise.*
C'est la premiere fois que je la vois. Madame,
Je suis ravy du bien qu'aujourd'huy je reçoy.

LE VICOMTE *à part.*

S'il en est satisfait, je ne le suis pas, moy.

LUCRECE *à M. de Bois-Doüillet.*

C'est moy qui le reçois.

BOIS-DOUILLET *faisant signe à son Fils.*

Ste. Aprochez, vous dis-je,
Et salüez Madame. Aprochez donc.

LE VICOMTE.

Où suis-je!

BOIS-DOUILLET.

La, salüez-la donc, faites luy compliment.

CLARICE *voyant l'action du Fils.*

Est-il un plus grand Sot!

LISETTE.

Quel divertissement!

LE FILS *faisant des reverences à Lucrece.*

Madame,

BOIS-DOUILLET *le poussant par derriere.*

Il est honteux ; la, baisez donc Madame;
C'est toûjours en baisant, qu'on salüe une Femme.

LE VICOMTE.

Quand il n'en feroit rien, ce n'est pas m'offencer.

BOIS-DOUILLET.

Vos charmes l'ont surpris, je vay recommencer,
Afin de luy montrer, par là, comme il faut faire.

LUCRECE.

Oh!

LE VICOMTE.

Arrestez, Monsieur, il n'est pas necessaire.

CLARICE.

On le doit excuser, car toûjours les Enfans
Sont honteux, quand ils sont avecque leurs Parens.

LE VICOMTE.

Il fait bien ce qu'il fait, apprenez à vous taire.

BOIS-DOUILLET.

Le Fils, à ce qu'on dit, ne vaudra pas son Pere.

GUESPIN.

LUCRECE.

Vous estiez bien galant, je crois, en vostre temps.

BOIS-DOUILLET.

Ah galant! Teste-bleu, je l'estois dés dix ans.

LE VICOMTE.

Je croy que vous ferez, Messieurs, méchante chere.

BOIS-DOUILLET.

Alors qu'on voit, Madame, on ne la sçauroit faire.

SCENE VII.

BOIS-DOUILLET, LE VICOMTE, LUCRECE, CLARICE, LISETTE, COLAS.

COLAS.

Monsieur il faut percer du Vin pour ce Monsieur.

LE VICOMTE.

Hé bien, que l'on en perce, & mesme du meilleur.

COLAS.

Mais....

LE VICOMTE.

Quoy mais?...

COLAS.

Il faudroit que vous vinssiez vous-mesme.

LE VICOMTE *à part.*

Quitteray-je ma Femme? ah ma peine est extréme.
Va-t-en.

COLAS.

Mais...

LE VICOMTE.

Va, te dis-je, & ne raisonnes pas.

BOIS-DOUILLET

Je m'en vay le percer, va, mon pauvre Colas.
J'entens mieux ce mestier qu'aucun qui soit en France;
Et si vous le voulez voir par experience,
Je vay en un moment percer tout vostre Vin.

LE VICOMTE.

C'est trop.

BOIS-DOUILLET.

Il vous en faut, car il est tres-certain
Que les chemins sont pleins de beaucoup de Noblesse,
Qui vient souper ceans avec grande allegresse,

LE VICOMTE.

Comment, souper ceans? Diable! que dites-vous?

LISETTE *à part.*

Nous allons comme il faut voir pester le Jaloux.

BOIS-DOUILLET *à son Fils.*

Nous estions priez seuls, & sa peine le montre.

LE VICOMTE *à part.*

Qui Diable fait qu'icy tout ce train se rencontre?

BOIS-DOUILLET.

Je m'en vay vous percer du Vin pour ces Messieurs.
à son Fils.
Quoy tu me suis, grand Sot, icy tout comme ailleurs:
Aprens qu'un Garçon doit rester avec les Femmes,
Et pour se façonner, entretenir les Dames.
Tu n'es point de mon sang, & je vois entre nous
Trop...

LE VICOMTE.

Monsieur, il fait bien d'aller avecque vous:
Oüy, mon Fils, c'est bien fait, de suivre vostre Pere.

LISETTE.

Suivez vostre Papa.

SCENE

SCENE VIII.

LE VICOMTE, LUCRECE, CLARICE, LISETTE.

LE VICOMTE.

Ecy ne me plaist guere:
Comment, un Regiment de Gens dans ma Maison?

CLARICE.

Si vous ne teniez point vostre Femme en prison,
Vous n'auriez pas chez vous aujourd'huy cette feste.
Le bruit court qu'on vous veut donner martel en teste;
Et ces Messieurs pouroient, vous croyant fort jaloux,
S'estre donnez le mot, pour fondre ainsi chez vous.
Mon Frere, pardonnez au zele qui m'emporte,
Vostre interest m'oblige à parler de la sorte.

LE VICOMTE.

Ah j'empescheray bien qu'aucun d'eux n'entre icy.

CLARICE.

Vous pourrez tout gaster, en agissant ainsy;
Et vous devez, bien loin de paroistre en colere,
Pour les faire enrager, faire tout le contraire.
Ne leur demandez point qui les a priez tous,
Mais paroissez content de les avoir chez vous;
Ils seront bien surpris, & tout couvert de honte,
Ils en feront sans doute une retraite promte,
Car leur dessein ne va qu'à vous faire dépit,
Et qu'à voir s'il est vray, ce que de vous on dit.

LE VICOMTE.

Vous en sçavez beaucoup.

LISETTE.

Ma foy sa politique,
Monsieur....

LUCRECE.

Moy, je suivrois ses conseils sans replique.

LE VICOMTE.

Hé bien soit; mais s'il vient quelqu'un pour vous baiser,
Daignez adroitement du moins le refuser.
Je vous diray pourtant d'estre alors plus civile;
Mais loin de m'obeïr, soyez plus difficile;
Et si vous ne pouvez enfin tenir contre eux,
Tendez leur seulement l'oreille, ou les cheveux;
L'ardeur des Campagnards à baiser sans pareille,
Se contente souvent d'avoir touché l'oreille.

SCENE IX.

LE VICOMTE, LUCRECE, CLARICE, LISETTE, COLAS.

COLAS.

Messieurs de Chante-Pie, & de Cochon-Vilain,
Sont là-bas.

LE VICOMTE.

Quoy, les deux que je craignois enfin,
Qui ne parlent jamais que d'amour & de flames,
Qui cajolent sans cesse, & tourmentent les Femmes,
Qu'on estime par tout d'impertinens Jaseurs,
Et de tout le Païs sont les plus grands Baiseurs?

GUESPIN.

Je suis perdu.

LUCRECE.

Le Fou!

LISETTE *à part.*

Sa peine est sans pareille.

LE VICOMTE *à Lucrece.*

Souvenez-vous au moins de leur donner l'oreille,
Ou bien fuyez plutost. Je vay les arrester.

SCENE X.

LUCRECE, LE VICOMTE, CLARICE, LISETTE, Mrs DE CHANTE-PIE, ET DE COCHON-VILAIN.

LE VICOMTE *les allant embrasser tous deux à la fois.*

AH, Messieurs, aujourd'huy je veux vous protester,
Que pour vous...

CHANTE-PIE.

Quoy, tous deux nous embrasser ensemble?

COCHON-VILAIN.

Quoy, Madame nous fuit?

LISETTE.

Il en tient.

LE VICOMTE *à part.*

Ah je tremble.

CHANTE-PIE.

Quand nous sommes venus, nous esperions joüir
Du bonheur de la voir.

LUCRECE.

Je ne ſçaurois plus fuir.

COCHON-VILAIN.

Mais laiſſez-nous aller ſalüer voſtre Femme.

LE VICOMTE *les ſerrant.*

Je vous aime tous deux, & de toute mon ame.

CHANTE-PIE.

En entrant dans ces lieux, je ſçais ce que je dois.

LE VICOMTE.

Pour elle, j'aime mieux vous embraſſer dix fois.

CHANTE-PIE *s'échapant.*

Monſieur....

CLARICE *à part.*

Selon mes vœux, la choſe enfin ſe paſſe.

CHANTE-PIE *à Lucrece qui ſe défend ſans parler.*

Pour la premiere fois, permettez-moy de grace...

COCHON-VILAIN *embraſſant à ſon tour le Vicomte, & l'arreſtant quand il veut voir ſi l'autre baiſe ſa Femme.*

En vous embraſſant ſeul, je veux vous faire voir....

LE VICOMTE.

Ce que je voy ſuffit pour me faire ſçavoir....

COCHON-VILAIN.

Tout le monde ſçait bien que je ſuis fort ſincere.

à part LE VICOMTE.

Oüy. Mais je ne voy pas ce qu'on fait là-derriere;

à Cochon-Vilain qui l'embraſſe toûjours.

C'eſt aſſez.

COCHON-VILAIN *allant à Lucrece.*

Je vous laiſſe, & ſçais bien que je dois...

LE VICOMTE.

Embraſſez-moy plutoſt encore une, ou deux fois.

Ha, bon. *Voyant ſa Femme ſe défendre d'eſtre baiſée des deux.*

CHANTE-PIE *à Lucrece.*

Vostre rigueur est pour nous sans pareille.

Cochon-Vilain la baise comme elle veut éviter Chante-Pie.

COCHON-VILAIN *la baisant.*

Ah!

LISETTE *à part.*

Celuy-là, ma foy, n'a pas baisé l'oreille.

LE VICOMTE.

Messieurs, l'un apres l'autre, au moins allez plus doux.
Dois-je fermer les yeux, ou me mettre en courroux?
Mais vous n'avez tous deux salüé que ma Femme;
Ma Sœur en doit avoir quelque dépit dans l'ame.

CLARICE.

Moy?

CHANTE-PIE.

Nous n'osions baiser une Fille chez vous;
Apres vous avoir veu presque entrer en couroux,
De voir baiser, Madame, avecque bienseance;
Car nous craignôs tous deux de vous faire une offence;
Si la premiere fois que....

Il regarde Lucrece avec des yeux doux, & luy fait une reverence comme pour l'aprocher.

LE VICOMTE.

C'est assez, Monsieur,
Je vous l'eusse à tous deux pardonné de bon cœur.

COCHON-VILAIN *à Clarice.*

Puis qu'enfin nous pouvons vous salüer sans crainte,
Il ne faut vous laisser aucun sujet de plainte.

Il va la baiser, & cependant le Vicomte prend la place qu'il avoit pres de Lucrece.

CLARICE *à part.*

Ah qu'il sent le fumier!

CHANTE-PIE *allant la baiser à son tour.*

Il va la baiser, & Puis qu'il nous est permis....
cependant Cochon-Vilain prend sa place, la sienne estant prise par le Vicomte.

CLARICE *se laissant baiser.*

Hé quoy, doit on baiser toûjours tous ses Amis?

LISETTE.

Le beau jeu! Je plaignois ma vie infortunée,
Mais je ris aujourd'huy, pour toute mon année.

SCENE XI.

LE VICOMTE, LUCRECE, CLARICE, COCHON-VILAIN, CHANTE-PIE, LISETTE, NICODEME.

NICODEME.

Monsieur.

LE VICOMTE.

Que me veux-tu?

NICODEME.

Hais, venez, s'il vous plaist.

LE VICOMTE.

Est-ce encor quelqu'un?

NICODEME.

Non.

LE VICOMTE.

Dis donc ce que c'est.

NICODEME.

Mais venez.

LUCRECE *au Vicomte.*

Allez voir ce que ce pourroit estre.

LE VICOMTE.

Vous montrant mes talons, je vous plairois peut-estre.
Mais, parle.

NICODEME.

Que faut-il que je parle Monsieur?

LE VICOMTE.

N'as-tu point retenu ce qu'on t'a dit par cœur?

NICODEME.

Dame, on dit qu'ous veniez.

LE VICOMTE.

Ah ma peine est extréme!

LISETTE.

Explique-toy donc mieux, mon pauvre Nicodeme.

NICODEME.

Colin Poivret, qui fait la Cuisine là-bas,
Dit qu'il larra tout la, si vous ne venez pas.
Venez donc luy prester la main.

LE VICOMTE.

Hé quoy donc, Traistre...

CHANTE-PIE *court mettre le hola, & prend la place du Vicomte pres de Lucrece.*

Hé Monsieur.

LE VICOMTE.

Quoy, parler de la sorte à son Maistre?

Comme il trouve en se retournant Chante-Pie en sa place, ils se regardent tous deux sans se rien dire.

CHANTE-PIE *regardant Lucrece.*

Je croy qu'on ne voit rien de plus beau dans la Cour.

COCHON-VILAIN *la regardant aussi.*

Qu'un si charmant objet peut inspirer d'amour!

CHANTE-PIE *au Vicomte.*

Que vous avez, Monsieur, une adorable Femme!

COCHON-VILAIN.

Rien ne peut échaper aux attraits de Madame.

CHANTE-PIE.

On sçait que sur les cœurs ils sont les tout-puissans.

COCHON-VILAIN.

Qu'elle a les cheveux beaux!

CHANTE-PIE.

Qu'elle a les yeux perçans!

COCHON-VILAIN.

Le beau front!

CHANTE-PIE.

Le beau teint!

COCHON-VILAIN.

Le beau nez!

CHANTE-PIE.

Que sa bouche

Fait voir, quand elle rit, une douceur qui touche!

COCHON-VILAIN.

On ne peut admirer assez ses belles dents.

CHANTE-PIE.

On a bien du plaisir lors qu'elle mord les Gens.

COCHON-VILAIN.

Les belles lévres! ah!

CHANTE-PIE.

Diroit-on pas de roses,

Du plus bel incarnat, & fraischement écloses?

COCHON-VILAIN.

Je ne puis me lasser d'admirer ce beau cou.

CLARICE *à Lisette.*

Ils le poussent à bout.

LISETTE *à Clarice.*

Cela le rendra fou.

CHANTE-PIE.

On ne sçauroit trouver une plus belle oreille.

COCHON-VILAIN.

Elle est belle, bien faite, & petite, & vermeille.

CHANTE-PIE.

La belle gorge, ô Ciel!

COCHON-VILAIN.

Les admirables mains!

CHANTE-PIE.

Sa taille seule peut charmer tous les Humains;

COCHON-VILAIN.

Les beaux pieds! Teste-bleu.

CHANTE-PIE.

Le reste, que je pense,

LISETTE *à part.*

Il fait bien, là-dessus, de garder le silence.

COCHON-VILAIN.

Chacun doit demeurer d'accord qu'elle a bon air;

LE VICOMTE *à part.*

Jusqu'icy je me suis empesché de parler,
De peur d'en dire trop.

CHANTE-PIE.

Il faut mener Madame,
Voir la belle Maison du Baron de Vigame.

LE VICOMTE.

Mais...

COCHON-VILAIN.

Il la faut mener encor voir dix Chasteaux,
Qui ne luy cedent pas, & qu'on croit aussi beaux.

LE VICOMTE.

Si...

CHANTE-PIE.

Je la veux mener chez Monsieur de Chant-Oye,

LE VICOMTE.

Quoy...

COCHON-VILAIN.

Nous irons aussi chez Monsieur de Cour-Joye.

LE VICOMTE.

Ah!

CHANTE-PIE.

Messieurs de Lampont, & de Crocan-Villiers,
Sur nostre seul recit, viendront tous des premiers.

LE VICOMTE.

Ils...

COCHON-VILAIN.

De tout le Païs elle doit estre aimée.

LE VICOMTE.

Je ne...

CHANTE-PIE.

Nostre jeunesse en sera bien charmée.

LE VICOMTE.

Croyez...

COCHON-VILAIN.

Tout le Païs fondra bientost chez vous,
Apprenant que Madame a des charmes si doux.

Icy ils parlent bas à Lucrece & Clarice, & Lisette les regarde avec étonnement.

LE VICOMTE.

Je ne parleray plus, que chacun ne se taise;
Je leur pourray parler alors plus à mon aise;
Jusques dans le gosier ils me coupent les mots,
Et leur langue maudite, est sans aucun repos.

CLARICE.

Ils ont, sans l'épargner, poussé sa jalousie.

CHANTE-PIE *s'éloignant un peu.*

Un mot ou deux, Monsieur. Il faut que je vous die...

GUESPIN.

Mais je croy que je dois passer de ce costé,
Car avecque raison je crains d'estre écouté.

COCHON-VILAIN *à Lucrece.*

Allons dans le Jardin, car ils ont, que je pense,
A se parler tous deux, d'affaires d'importance.

LUCRECE.

Allons. Mais suy-moy donc, & demeure avec nous.

CLARICE *à part.*

Qui peut faire tarder Monsieur de Bois-le-Roux?

SCENE XII.

LE VICOMTE, CHANTE-PIE, CLARICE.

CHANTE-PIE *à demy haut.*

OUy, sur le bruit que d'elle a fait la Renommée,
Sans l'avoir jamais veuë, il l'a d'abord aimée.

LE VICOMTE.

Il adore ma Femme!

CHANTE-PIE *le tirant comme pour luy parler encore.*

Et de plus....

LE VICOMTE.

Ah, je croy,
Que je la doy toûjours tenir auprés de moy.

Il la cherche de la main sans tourner la teste.

CHANTE-PIE.

Vous ferez bien.

LE VICOMTE *la cherchant toûjours.*

Donnez donc vostre main, Madame.

Se retournant.

Mais je ne trouve rien. Où peut estre ma Femme?

CLARICE.

Ils sont dans le Jardin.

LE VICOMTE.

Que je suis malheureux!

CLARICE.

Ne vous emportez pas, Lisette est avec eux.

LE VICOMTE.

On doit peu se fier à telle Sentinelle.
Pardon, Monsieur, je vay courir viste apres elle.

SCENE XIII.

CHANTE-PIE, CLARICE.

CHANTE-PIE.

Comme tout le Païs a sceu qu'il est jaloux,
Nous avions fait dessein d'en bien rire entre nous;
Je puis vous l'avoüer, car de l'air qu'il vous traite,
Vous n'avez pas sujet d'en estre satisfaite.

CLARICE.

Non ; mais pour m'obliger, quittons-nous, car je croy
Qu'il pourroit devenir aussi jaloux de moy.

CHANTE-PIE.

Je suis toûjours soûmis, quand le Sexe commande.

SCENE XIV.

CLARICE seule.

MOn Amant ne vient point. O Dieu, que j'apprehende!
S'il manquoit à venir, j'aurois beaucoup d'ennuy,
Car cette Feste-cy ne se fait que pour luy.
Mais il vient à propos.

SCENE XV.

CLARICE, M. DE BOIS-LE-ROUX.

CLARICE.

C'Est trop vous faire attendre.

BOIS-LE-ROUX.

Madame, j'ay beaucoup de graces à vous rendre,
Et vostre esprit se fait connoistre par le tour...

CLARICE.

Que n'entreprend-on point, quand on a de l'amour?

BOIS-LE-ROUX.

Mon cœur...

CLARICE.

Ah ne songeons du tout qu'à nostre affaire;
Mon Frere est si jaloux, si bourru, si severe,

Que je croy ne pouvoir vous parler qu'aujourd'huy.

BOIS-LE-ROUX.

Je me sçauray si bien ménager devant luy...

CLARICE.

Le voicy.

SCENE XVI.

LE VICOMTE, LUCRECE, CLARICE, BOIS-LE-ROUX.

LE VICOMTE.

De leurs mains j'ay sceu tirer ma Femme:
Mais Dieu, que celuy-cy met de trouble en mon ame!
C'est un Galand blondin, un Poupin, un Poudré
Qui connoissant la Cour, doit estre bien madré.

Il le salue & se retourne vers sa Femme, pour luy faire signe de se souvenir de l'oreille.

BOIS-LE-ROUX.

Quoy, Monsieur, c'est donc là Madame vostre Femme?

Il ne répond que de la teste, & se met quasi au devant d'elle, de peur qu'il ne la baise.

Mais quoy, tout de bon?

LE VICOMTE.

Hay.

BOIS-LE-ROUX.

Je suis ravy, Madame,
Que Monsieur le Vicomte ait si bien mis son cœur;

Serrant la main au Vicomte.

Il sçait bien que je suis toûjours son Serviteur,

GUESPIN.

Et ne doit point douter que mon cœur ne partage
Le plaisir qu'il ressent d'un si grand avantage.

LE VICOMTE *à part.*

L'honneste Homme! on ne peut jamais trop le priser.
Voir une belle Femme, & ne la point baiser!
Je ne m'en puis tenir, il faut que je l'embrasse.
Vous me ferez, Monsieur, une sensible grace,
L'embrassant.
De croire que....

SCENE XVII.

LE VICOMTE, LUCRECE, CLARICE, BOIS-LE-ROUX, NICODEME, LISETTE.

NICODEME *à Bois-le-Roux.*

Monsieur on voudroit vous parler.

BOIS-LE-ROUX.

Vous me permettrez bien...

LE VICOMTE.

Vous y pouvez aller,
Ou bien faire venir...

SCENE XVIII.

LE VICOMTE, LUCRECE, CLARICE, LISETTE.

LE VICOMTE.

ENcore qu'il me plaise,
Je voudrois bien un peu, te parler à mon aise,
Et que pour un quart-d'heure on le pût amuser:
Tu pourrois au Jardin avecque luy causer.

CLARICE.

Moy?

LE VICOMTE.

L'affaire sera, si tu veux, bientost faite:
Pour trouver des raisons, tu n'es pas mal adraite.

CLARICE *à part.*

Tout succede à mes vœux. *haut.* Mais...

LE VICOMTE.

Mais oblige-moy,
Et tâche à faire, enfin, ce foible effort sur toy.

CLARICE.

* *Regardant Lucrece & Lisette d'un regard malicieux & content.*

Vrayment, il sera grand. * Cela ne me plaist guere:
Mais pour vous obliger, que ne voudrois-je faire?

LE VICOMTE.

Tu m'oblige toûjours, je n'en suis pas surpris.

LISETTE.

C'est là donner aux Loups à garder les Brebis.

SCENE XIX.

LE VICOMTE, LUCRECE, CLARICE, LISETTE, BOIS-LE-ROUX.

BOIS-LE-ROUX.

Monsieur de Bois-Doüillet est celuy qu'on demāde.
Comme nos Noms n'ont pas de difference grāde,
Et qu'on sçait qu'il devoit souper avecque nous,
Au lieu de Bois-Doüillet, on a dit Bois-le-Roux:
Mais...

CLARICE.

A propos de Bois, le nostre est admirable,
Il est plus haut que moy...

BOIS-LE-ROUX.

Cela n'est pas croyable,
Le Bois ne peut icy croistre si promptement.

LE VICOMTE *riant.*

L'équivoque est gentille, & dite galamment.

CLARICE *à Bois-le-Roux, qui paroist surpris de sa proposition.*

Allons-y.

LE VICOMTE.

Nous suivrons.

BOIS-LE-ROUX.

Que rien ne vous oblige
A vous gesner pour moy.

LE VICOMTE.

Nous vous suivrons, vous dis-je.

BOIS-LE-ROUX.

Je ne veux point du tout vous causer d'embarras;
Et vous m'obligerez de ne vous presser pas.

LISETTE.

On ne sçauroit trouver un Homme plus sincere.

SCENE XX.

LE VICOMTE, LUCRECE, LISETTE.

LE VICOMTE *entre tout à coup dans un grand chagrin, & dit apres.*

J'Estois presque dupé.

LUCRECE.

Qui vous met en colere?

LE VICOMTE.

J'allois donner dedans.

LUCRECE.

Mais, Monsieur, qu'avez-vous?

LE VICOMTE.

J'avois l'esprit bouché.

LUCRECE.

D'où vient donc ce couroux?

LE VICOMTE.

C'est assez.

LUCRECE *à Lisette.*

De ma Sœur, il a connu la flâme.

LE VICOMTE.

Nous verrons.

LUCRECE.

Ils n'ont point merité tant de blâme.

LE VICOMTE.

Teste-bleu!

LUCRECE.

Vous devez excuser vostre Sœur.

LE VICOMTE.

Il l'entend.

LUCRECE.

Vous aviez aussi trop de rigueur.

LE VICOMTE.

A dessein, moy present, il vous a méprisée,
Et d'abord en entrant ne vous a point baisée!
Cependant il devoit vous baiser, que je crois,
Venant vous voir chez vous pour la premiere fois:
Mais de ce fin Galant, c'est sans doute une adresse,
Pour ne pas faire voir devant moy sa tendresse.

LUCRECE.

Qu'on me baise, Monsieur, ou ne me baise pas,
On vous cause toûjours un pareil embarras:
Mais avec un Jaloux on ne sçait comment faire;
Et mesme ce qu'il veut ne le peut satisfaire.

LE VICOMTE.

Je croy n'avoir pas tort de vous parler ainsi;
C'est un Amant poudré, doucereux, & transi,
Et les Femmes, morbleu, dans le Siecle où nous sômes,
Aiment ces Blondins-là, qui... qui ne sont pas Hômes.
Côme il n'en veut qu'à vous, je croy que de bon cœur
Il enrage à present de n'avoir que ma Sœur.

LISETTE.

C'est justement cela.

LE VICOMTE.

Je croy bien qu'en ton ame,
Quoy qu'il brûle pour toy, tu condamnes sa flame;
Et comme je connois qu'ils te déplaisent tous,
Il te faut éviter de souper avec nous;

Et tu dois, pour cela, pendant la promenade,
Revenir tout d'un coup, feignant d'estre malade,
Et t'aller mettre au lit tout aussi-tost.

LISETTE.

Helas!
S'aller coucher de jour, un propre Lundy gras!

LE VICOMTE.

J'entens que tu viendras luy tenir compagnie.

LUCRECE.

Je demeure immobile, & vostre jolousie
Me paroist aujourd'huy ridicule à tel point...

LE VICOMTE.

Tu prens tout de travers, car je n'en ressens point.
Hé bien, Mignonne, enfin n'es-tu pas resoluë?...

LUCRECE.

Vous vous moquez de moy.

LE VICOMTE.

De puissance absoluë,
Je le veux.

LUCRECE.

Mais...

LE VICOMTE.

Mais, quoy? je suis le Maistre enfin.

LUCRECE *à part.*

Maistre des Foux fieffez.

LE VICOMTE.

Vous avez du chagrin;
Quelqu'autre Campagnard pourroit encor vous plaire;
Vous ne leur montrez pas un visage severe,
Vous en aimez icy de rougeaux, & de frais,
Qui paroissent émeus, en voyant vos attraits.

LUCRECE.

Il est vray qu'en mon cœur tant de belles figures
Ont fait, tout à la fois, de profondes blessures.

GUESPIN.

Qui pourroit s'en defendre ? ils sont si ragoutans,
Qu'on ne sçauroit contre eux resister bien long-temps;
Comme leur bonne mine est rare & sans pareille.....

LE VICOMTE.

Vous n'avez pas à tous fait baiser vostre oreille;
Mais je veux que l'on fasse, enfin, ce que j'ay dit.

LUCRECE.

Je vay me retirer, mais sans me mettre au lit,
Et me vanger, par là, de vostre jalousie
Qui fournira dequoy faire une Comedie.
Lisette, allons, suy-moy.

LISETTE.

Quoy, c'est donc tout de bon ?

LE VICOMTE *seul.*

Se rira qui voudra de ma précaution.

SCENE XXI.

LE VICOMTE, NICODEME.

LE VICOMTE.

QUe veux-tu?

NICODEME.

Je ne sçay, pourtant je vous apporte
Une Lettre, Monsieur, qu'on dit qui vous importe.

LE VICOMTE *lit.*

A MONSIEUR LE VICOMTE
DE LA SABLONNIERE.

JE croy que nostre amitié m'oblige à vous avertir que Cephise a dit à ma Fille en grande confidence, que l'Amour assembleroit aujourd'huy chez vous bien des Gens que vous n'attendiez pas, & que vous seriez dupé d'une maniere qui feroit rire toute la Province. Vous connoistrez avant la fin du jour, si elle a dit vray, par l'assemblée que vous aurez. C'est tout ce qu'a pû sçavoir celuy qui fera profession d'estre toûjours vostre Amy,

DE CORNANDONNE.

LE VICOMTE *apres avoir témoigné du dépit.*

Va-t-en dire à celuy qui t'a donné ce mot,
Que je feray réponse a son Maistre au plutost.

SCENE XXII.

LE VICOMTE, LISETTE.

LE VICOMTE *sans la voir.*

Ah dans un tel malheur, que resoudre, & que faire!

LISETTE *au bout du Theatre.*

Je connois à ses yeux qu'il est bien en colere,
Il a son humeur noire, & ses chagrins jaloux,
Et tantost, comme il faut, pestera contre tous.

LE VICOMTE.

Je suis au desespoir, la fureur me transporte.

LISETTE.

Tout tremble devant luy, quand il est de la sorte,

LE VICOMTE.

Je ne sçay qui me tient....

GUESPIN.

LISETTE.

Voyez-vous le Jalous,
Eſt-il pas bien aimable? Hé bien, mariez-vous.

LE VICOMTE.

Morbleu!

LISETTE.

Tous les Jaloux s'empeſcheroient de l'eſtre,
Si dans cette humeur noire ils ſe pouvoient conneſtre.

LE VICOMTE *faiſant quelques pas.*

Ciel!

LISETTE.

La Chanſon dit vray, *Que le plaiſir eſt doux*
De faire un Cocu d'vn Ialoux

haut.

Ah.

Le Vicomte ayant eſté deçà delà, ſe retourne bruſquement & ſe trouve contre Liſette, qui s'enfuit de l'autre coſté comme toute éperduë.

Je ſuis morte, j'ay parlé trop haut.

LE VICOMTE *regardant de temps en temps Liſette, & ſongeant toutefois encore à ſa Femme.*

Traiſtreſſe!
J'ay toûjours craint cela de ta fauſſe ſageſſe.

LISETTE *croyant qu'il l'avoit entenduë, & voulant s'excuſer.*

Ce n'eſt qu'une Chanſon...

LE VICOMTE.

Une Chanſon? Tay-toy;
Je ſçay les ſentimens qu'icy l'on a de moy,
Carogne.

LISETTE.

Voyant le Vicomte s'arracher les cheveux.

Mais Monſieur... Arrachez, bon, courage:
S'il en pouvoit crever, ce ſeroit grand dommage.
Qu'il ſe fait les yeux doux! le bel objet à voir!
Pour ſe conſiderer, que n'a-t-il un Miroir?

LE VICOMTE *encore tout tranſporté.*

Les Filles de Paris ſont pour moy trop ruſées.

LISETTE.

Vous vous bleſſez.

LE VICOMTE *à Liſette.*

J'ay ſceu démeſler vos fuſées;
Avec ma Femme, enfin, je ſçay que tu t'entens;
Tu me le payeras ſans attendre long-temps.
Dis, qui ſont ſes Galans?

LISETTE.

C'eſt voſtre jalouſie
Qui vous a mis cela dedans la fantaiſie:
Et je croy, par ma foy, qu'il en ſeroit parlé,
Si parmy voſtre honneur le ſien n'eſtoit meſlé;
Car vous l'y contraignez, puis qu'il faut vous le dire.

LE VICOMTE.

A quoy? dy, dy.

LISETTE.

Jaloux de l'air qu'elle reſpire,
Lors que vous la tenez ſerrée entre vos bras,
La voyant, la touchant, vous ne l'y croyez pas:
Vous paroiſſez jaloux de la Province entiere,
Et ne pouvez ſouffrir que le Soleil l'éclaire:
Depuis neuf mois qu'à peine elle oſe voir le jour,
A-t-elle ſeulement veu voſtre baſſe-cour?

Luy jettant une Clef.

Tenez, je ne veux plus luy ſervir de Geoliere,
Vous la pouvez tenir vous-meſme priſonniere,

Ou chercher qui voudra s'en donner le soucy;
Car pour moy, dés demain, je veux sortir d'icy.

SCENE XXIII.

LE VICOMTE seul.

TU fais bien. Je me suis imposé le silence,
Pour voir jusqu'où pourroit aller ton impudence;
Avant qu'il soit demain, tu pourras dénicher.
Que feray-je ? l'amour ne se sçauroit cacher;
Et bien que les Amans sans cesse dissimulent,
Leurs regards imprudens découvrent quād ils brûlent:
C'est pourquoy je pretens les voir ensemble tous;
Ceux qui s'aiment, d'abord se feront les yeux doux;
Si je les y surprens, ils rougiront peut-estre,
Et par cette rougeur me feront tout connestre.
Alors... Voicy de ceux que je puis soupçonner.

SCENE XXIV.

CLARICE, LE VICOMTE, CHANTE-PIE, COCHON-VILAIN, BOIS-LE-ROUX.

CHANTE-PIE.

Sans Madame, ma foy, c'est trop se promener.

LE VICOMTE.

Je vay vous l'envoyer querir. Hola, Lisette.

LISETTE *rentrant sur le Theatre.*

Allez-vous me payer? est-ce une affaire faite?

LE VICOMTE.

Oüy, tu dénicheras, n'en doute nullement:
Mais fay venir icy ma Femme promptement.

LISETTE.

Je ne puis.

LE VICOMTE.

Tu ne peux?

LISETTE.

Non.

LE VICOMTE.

Non? crains ma colere.

LISETTE.

Moy?

LE VICOMTE.

Toy. Ne veux-tu point m'obeïr, & te taire?

CLARICE.

Madame est enfermée, & la Clef est sur vous.

GUESPIN.

LE VICOMTE.

A l'entendre, on croiroit que je ſerois jaloux;
Par mégarde, la Clef eſtoit ſur moy reſtée.

CLARICE.

Sans la croire ſur vous, vous l'aviez emportée.

LE VICOMTE.

Vous en eſtiez faſchez, vous autres, que je croy.

BOIS-LE-ROUX.

Nous! pourquoy?

COCHON-VILAIN.

Pourquoy donc?

LE VICOMTE.

Ah, tréve de pourquoy;
Je ſuis Dupe, il eſt vray, mais c'eſt en apparence.

CHANTE-PIE.

Croyez-vous...

LE VICOMTE.

Que chacun parle à ſa conſcience.
Vous veniez pour... Mais non, je ne veux dire rien;
Je ſçais ce que je ſçais. & je le ſçay fort bien.

COCHON-VILAIN.

Nous avez-vous priez pour nous faire querelle?

LE VICOMTE.

Moy, je vous ay priez!

CHANTE-PIE.

Vous.

COCHON-VILAIN.

Oüy vous.

LE VICOMTE

Bagatelle;
On ne me berce point avec ces contes-là.

CLARICE.

Je tremble... Son chagrin luy fait dire cela,
Et l'on ſçait...

LE VICOMTE.

Non, morbleu, je n'ay prié personne.

CLARICE *à part.*

Il va tout découvrir.

CHANTE-PIE.

Ce procedé m'étonne.

COCHON-VILAIN.

De vostre part, pourtant, Maistre Blaise Clampin
Est venu me prier dés hier au matin.

BOIS-LE-ROUX.

Il m'est aussi venu prier avec instance.

CHANTE-PIE.

Il m'est venu querir avecque diligence.

LE VICOMTE.

Vous resviez, que je croy; car ce Blaise Clampin,
Est allé, par mon ordre, à Paris hier matin,
Et ne peut vous avoir conviez. Mais ma Femme
Vient enfin dissiper le trouble de vostre ame;
Vous la faire venir, n'est point estre jaloux.

SCENE XXV.

LUCRECE, LE VICOMTE, BOIS-LE-ROUX, COCHON-VILAIN, CHANTE-PIE, CLARICE, LISETTE.

LE VICOMTE *les regardant tous.*

HE' bien, Messieurs, hay? quoy? parlez, qu'en dites-vous?
à Lucrece. Vous, de vostre costé, faites leur bon visage.

CLARICE.

Pour moy, je ne puis rien comprendre à ce langage.

LE VICOMTE.

Hé la-donc? Vous, Messieurs, faites-luy compliment.

COCHON-VILAIN.

Il est fou, sur mon ame.

CHANTE-PIE.

Il l'est assurément.

COCHON-VILAIN.

Je ne puis rien comprendre à tout ce badinage.

LE VICOMTE.

Vous me faisiez joüer un fort sot personnage,
Et j'allois estre dupe enfin; mais Dieu mercy...
Mais Monsieur, s'il vous plaist, vous serez mieux icy.

Il oste Bois-le-Roux d'aupres de sa Femme, pour le mettre aupres de sa Sœur.

Ah quelque Sot pouroit, en sa presence mesme,
Laisser ce beau Blondin aupres de ce qu'il aime.

BOIS-LE-ROUX.

Que veut dire cecy?

CHANTE-PIE.

Qu'est-ce donc? qu'avez-vous?

LE VICOMTE.

Lequel connoist le mieux Cephise de vous tous?

CLARICE *bas à Bois-le-Roux.*

Hélas! elle a parlé.

LE VICOMTE *à Clarice.*

Vous paroissez surprise,
Vous rougissez. Ah, mort, vous sçavez l'entreprise.

CLARICE.

Moy, je rougis!

LE VICOMTE. *Regardant Bois-le-Roux.*

Voyez comment elle rougit!
Monsieur rougit aussi.

BOIS-LE-ROUX.

Croyez-vous...

LE VICOMTE.

Il suffit.

Comme on voit rarement une Fille muette,
Cephise...

SCENE XXVI.

LE VICOMTE, LUCRECE, CLARICE, BOIS-LE-ROUX, CHANTE-PIE, COCHON-VILAIN, CLAMPIN, LISETTE.

CLAMPIN *au Vicomte.*

Me voicy, car vostre affaire est faite,
Monsieur, & j'ay trouvé sur le chemin celuy
Que je croyois trouver à Paris aujourd'huy?
Pour vous parler d'affaire il vient icy luy-mesme.

CLARICE.

Ah tout cecy me met dans une peine extréme.

LE VICOMTE *à Clampin.*

Fus-tu chez ces Messieurs hier?

CLARICE.

Que j'ay d'effroy!

CLAMPIN.

Quoy faire?

LE VICOMTE.

Les prier de souper avec moy.

CLAMPIN.

Moy?

COCHON-VILAIN.

C'est la verité.

CHANTE-PIE.

Vous nous en devez croire.

CLARICE.

Vous n'en tirerez rien, je voy qu'il vient de boire.

BOIS-LE-ROUX.

Il ne s'en souviendra donc plus?

CLARICE.

Non, que je croy.

COCHON-VILAIN *le tirant.*

Dy-moy, ne vins-tu pas hier me prier chez-moy?

CHANTE-PIE *le tirant aussy.*

Ne vins-tu pas aussi chez moy? répons donc?

LE VICOMTE.

Traistre;
Si tu ne leur répons, répons donc à ton Maistre.
Fus-tu chez ces Messieurs hier? Peste du Sot.
Quoy, je ne puis de toy tirer enfin un mot?
Si tu ne me répons, je t'étrangleray.

Le prenant au colet.

CLAMPIN *à Clarice.*

Dame,
Dites-moy ce qu'il faut que je dise, Madame.

LE VICOMTE.

Mais ma Sœur, & Monsieur, paroissent bien confus.

CLARICE.

Sans consommer le temps en discours superflus,
Ne trouvant plus de jour à m'en pouvoir defendre,
Je vay tout débroüiller, Messieurs, & vous surprendre.

Je confesseray donc, & mesme devant tous,
Que j'aimois en secret Monsieur de Bois-le-Roux;
Et que pour luy parler, ne sçachant plus que faire,
Je vous ay fait mander de la part de mon Frere,
Afin que mon Amant, dont l'entretien m'est doux,
Sans qu'on soupçonnât rien, pût passer parmy vous.
Cephise, qui m'a fait trouver ce stratagéme,
N'en a pas pû garder le secret elle-mesme;
Et ce Sot...

LE VICOMTE.

C'est assez.

COCHON-VILAIN.

Nous avions tort, Monsieur.

CHANTE-PIE.

Grand tort.

LE VICOMTE.

Vous en sçavez beaucoup, ma chere Sœur:
On ne peut, à les voir, connoistre les Personnes;
Ma Femme avecque vous, en apprendroit de bonnes.
Ah je veux qu'au plutost Monsieur de Bois-le-Roux,
Hors d'icy vous emmeine, & qu'il soit vostre Epoux:
Vous serez au Contract, Messieurs, je vous en prie,
Et partirez apres cette ceremonie.

SCENE

SCENE DERNIERE.

LE VICOMTE, LUCRECE, CLARICE, COCHON-VILAIN, CHANTE-PIE, BOIS-LE-ROUX, BOIS-DOUILLET, SON FILS, CLAMPIN, LISETTE.

BOIS-DOUILLET *avec une Serviete, & le Verre à la main.*

ALlons, Messieurs; allons c'est trop se faire attendre.

COCHON-VILAIN.

Ce qui nous fait rester, vous doit beaucoup surprendre.

CHANTE-PIE.

C'est l'Hymen de Clarice avecque Bois-le-Roux;
Et de la Feste, enfin, nous sommes priez tous.

BOIS-DOUILLET.

Tant mieux, nous dancerons. Il faut que je la baise;
Je lis dedans ses yeux qu'elle sera bien aise
Quand.... Elle m'entend bien Messieurs, à sa santé:
C'est un Vin admirable, en avez-vous gousté?
Il est fort petillant, & sa séve,.... *à Lucr.* De grace,
Madame, goustez-en. Vous faites la grimace!
Il boit. A quoy bon entre nous faire tant de façon?

COCHON-VILAIN.

Bois-Doüillet est gaillard.

CHANTE-PIE.

Et bien vert.

BOIS-DOUILLET *apres avoir beu.*

Il est bon.

Cette liqueur ne laisse aucun chagrin dans l'ame.
La, réjoüissons-nous, rions, sautons, Madame.
La, mon Fils, prenez-la, remuez-vous. Le Sot!
Retire-toy, Coquin; quoy, ne pas dire un mot!
Allons, Madame, allons.

Il emmeine Lucrece.

COCHON-VILAIN.

Suivons donc tous, Madame,

LE VICOMTE.

Suivons-les de bien pres, ne quittons point ma Femme.

FIN.

www.ingramcontent.com/pod-product-compliance
Ingram Content Group UK Ltd.
Pitfield, Milton Keynes, MK11 3LW, UK
UKHW020351220726
13923UKWH00004B/1609